CATALOGUE
DES
TABLEAUX
DU CABINET
DE M. CROZAT,
BARON DE THIERS.

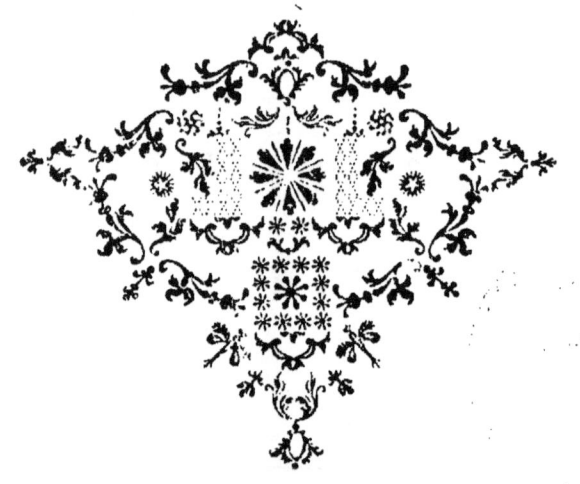

A PARIS,
Chez DE BURE l'Aîné, Quai des Augustins,
du côté du Pont S. Michel, à S. Paul.

M. DCC. LV.

On avertit une fois pour toutes, que lorsqu'on se servira dans cette Description des expressions à droite & à gauche, *ce sera toujours relativement à la position de celui qui regarde l'objet.*

PREMIÉRE PIÉCE
DE L'APPARTEMENT
AU RÈS DE CHAUSSÉE

Sur le Jardin.

A droite en entrant,

UN grand Deffein fait à la plume fur du Vélin, par *Henri Goltzius*, célébre Graveur, qui y eft repréfenté donnant fes Burins à l'Amour pour leur donner la trempe; & il y a outre cela exprimé l'Alliance de Vénus avec Cerès & Bacchus: *fur Vélin, de 6 pieds 8 pouces de haut, fur 5 pieds de large.*

En approchant de la Cheminée, S. Sébaftien; par LÉONARD DE VINICI: *peint fur bois, de 5 pieds 10 pouces de haut, fur 3 pieds 11 pouces de large.*

A gauche de la Cheminée, un Tableau repréfentant une Femme appuyée fur une tête de Mort; par un Maître Italien: *fur* bois, de 3 pieds 8 pouces de haut, sur 2 pieds 6 pouces de large.

Jesus-Christ portant sa Croix, en demi-figure; par un Maître Italien: *sur toile, de 2 pieds 8 pouces de haut, sur 2 pieds 2 pouces de large.*

A droite de la porte qui donne dans l'Appartement, la Sainte Famille, accompagnée de S. Michel & de S. François adorant l'Enfant Jesus; par *Alexandre* TIARINI: *sur toile, de 6 pieds 10 pouces de haut, sur 4 pieds 5 pouces de large.*

A gauche de la même porte, le S. Esprit descendant sur les Apôtres en forme de Langues de Feu, le jour de la Pentecôte; par *Gaudentio* FERRARI. Il y en a une Estampe gravée dans le Recueil publié par les soins de M. Crozat: *sur bois, de 8 pieds 2 pouces de haut, sur 5 pieds 5 pouces de large.*

SECONDE PIÉCE
DE L'APPARTEMENT
AU RÈS DE CHAUSSÉE.

A droite en entrant, & dans la partie la plus voisine du Plafond,

DEUX Portraits, dont l'un jusqu'aux genoux est celui d'un Médecin vêtu de noir, & vû de trois quarts, une main appuyée sur le bras d'un Fauteuil ; par *Antoine* VANDYCK. Il a été gravé en manière noire par Barras : *sur toile, de 3 pieds 1 pouce de haut, sur 2 pieds 7 pouces de large.*

L'autre est un Portrait jusqu'aux genoux d'un Vieillard avec barbe blanche, tenant un papier de Musique ; par *Antoine* MORE : *sur toile, de 3 pieds 2 pouces de haut, sur 2 pieds 7 pouces de large.*

Au-dessous de ces deux Portraits, trois Tableaux sur la même ligne. Le Tableau près la Fenêtre représente en demi-figure le Jugement de la Femme adultere ; par le PORDENON : *sur toile, de 2 pieds 5 pouces de haut, sur 2 pieds 1 pouce de large.*

Celui du milieu, Notre-Dame du Rosaire ; par Lanfranc : *sur toile, de 2 pieds de haut, sur 18 pouces de large.*

Le troisiéme, la Sainte Vierge & l'Enfant Jesus tenant un Oiseau, accompagnés de S. Charles en habit de Cardinal, ayant les mains jointes, toutes demi-figures ; par le Schedon : *sur toile, de 2 pieds 5 pouces de haut, sur 2 pieds 1 pouce de large.*

Plus bas, trois Tableaux sur la même ligne. Le Tableau près la Fenêtre représente Céphale & Procris dans un Paysage ; de *Paul* Bril : *sur toile, de 16 pouces de haut, sur 22 pouces de large.*

Celui du milieu, un Paysage où est représentée la vûe de *Pontemole* ; par un Peintre de l'Ecole des Carraches : *sur toile, de 16 pouces de haut, sur 23 pouces de large.*

Le troisiéme représente un Bain de Nymphes ; par Jule-Romain. Il est gravé dans le Recueil d'Estampes publié par les soins de M. Crozat : *sur bois, d'un pied 4 pouces de haut, sur 1 pied 7 pouces de large.*

A gauche de la porte, dans la partie supérieure, deux Portraits, dont l'un jusqu'aux genoux, d'un Vieillard avec une Fraise ; par *Jacques* Jordaens : *sur bois, de 3 pieds 7 pouces de haut, sur 2 pieds 8 pouces de large.*

L'autre pareillement jusqu'aux genoux est celui d'un jeune Homme ayant les cheveux blonds, & la main appuyée sur le piédestal d'une Colonne; & c'est le portrait de VAN-DYCK, peint par lui-même. On en a une Estampe gravée en maniére noire par Van-Brugen: *sur toile, de 3 pieds 2 pouces de haut, sur 2 pieds 10 pouces de large.*

Au-dessous, dans le milieu, une Servante s'appuyant sur son Balai, & regardant fixement les Spectateurs: Tableau connu sous le nom de la Balayeuse; de REMBRANDT: *sur toile, de 3 pieds 2 pouces de haut, sur 2 pieds 8 pouces de large.*

A la droite de ce Tableau, Sainte Claire considérant l'Enfant Jesus, que la Vierge descendue du Ciel & accompagnée d'Anges, lui a remis entre les bras; par *Jean-François* BARBIERI, dit LE GUERCHIN: *sur toile, de 17 pouces de haut, sur 13 pouces de large.*

Et au-dessous, un Paysage enrichi de quatre figures: sur le devant est un Ane chargé; par *Paul* BRIL: *sur toile, de 13 pouces de haut, sur 15 pouces de large.*

A la gauche de la Balayeuse, des Enfans nus jouant avec des Chiens; par *Ni-*

A iiij

colas POUSSIN : *sur toile*, *de 2 pieds de haut, sur 19 pouces de large.*

Au-dessous, Moyse sauvé des Eaux ; par *Philippes* LAUR : *sur bois, de 13 pouces & demi de haut, sur 17 pouces de large.*

A la ligne d'enbas, cinq Tableaux, dont celui du milieu représente une Chasse aux Lions, esquisse ; par RUBENS : *sur bois, de 16 pouces de haut, sur 23 pouces de large.*

A sa droite, un Tableau représentant un chevalet de Peintre avec un Portrait dessus, qui est celui d'Annibal Carrache, peint par lui-même : *sur bois, de 16 pouces de haut, sur 11 pouces de large.*

Et ensuite, l'Esquisse du Tableau de la Galerie du Luxembourg, représentant le Mariage de Henri IV, & de Marie de Médicis accompli à Lyon ; par RUBENS : *sur bois, de 12 pouces de haut, sur 9 pouces de large.*

A gauche de la Chasse aux Lions, la Résurrection de Notre-Seigneur ; par le MASTELLETTA, de Bologne : *sur cuivre, de 16 pouces de haut, sur 12 pouces de large.*

Plus loin, un Tableau représentant l'accouchement de la Reine Marie de Médicis ;

Esquisse en grisaille, pour la Galerie du Luxembourg; par RUBENS: *sur bois, de 12 pouces de haut, sur 9 pouces de large.*

En face des Fenêtres, à gauche de la Cheminée, le Portrait d'un Homme coëffé d'un chapeau & vêtu d'un habit brun, avec un rabat, feuilletant un Livre posé sur une table couverte d'un tapis; par REMBRANDT: *sur toile, de 4 pieds de haut, sur 2 pieds 2 pouces de large.*

Au-dessous, un Paysage, dans lequel est représenté le Jugement de Marsias; par *Claude* GELÉE, dit LE LORRAIN: *sur toile, de 3 pieds 2 pouces de haut, sur 4 pieds 1 pouce de large.*

A droite de la Cheminée, une Femme assise dans un Fauteuil, ayant à côté d'elle une Table couverte d'un Tapis; par REMBRANDT: *sur toile, de 3 pieds 10 pouces de haut, sur 3 pieds 4 pouces de large.*

Au-dessous, une Bataille; par *Sebastien* BOURDON, dans la maniére du Bourguignon: *sur toile, de 3 pieds de haut, sur 4 pieds 2 pouces de large.*

En face de la Porte d'entrée, dans la partie à gauche, deux Portraits jusqu'aux genoux, dont l'un représente un Homme vêtu de noir appuyé contre une Colonne, qui est le Portrait d'Evrard Jabach, célébre Curieux; par VANDYCK: *sur toile, de 3 pieds 5 pouces de haut, sur 2 pieds 9 pouces de large.*

L'autre, une Femme vêtue d'une Robe de drap d'or, tenant un Mouchoir d'une main, & de l'autre un petit Chien; par *Frederic* BAROCHE: *sur toile, de 3 pieds 5 pouces de haut, sur 2 pieds 9 pouces de large.*

Dans le milieu, la Sainte Vierge drapée de rouge, tenant l'Enfant Jesus qu'un Vieillard vêtu de noir avec un rabat, & une vieille Femme aussi vêtue de noir, considèrent avec autant d'attention que de respect, toutes demi-figures; par *Jacques* VAN-OOST: *sur toile, de 3 pieds 10 pouces de haut, sur 3 pieds de large.*

A droite de ce Tableau, trois autres, dont le plus élevé est en ovale, & représente la Sainte Vierge avec un Manteau bleu, en Buste; par *Alexandre* VERONESE: *sur bois, de 9 pouces de haut, sur 7 pouces de large.*

Au-dessous, une Sainte Agathe tenant une Palme à la main droite, & de la gauche une Soucoupe, demi-figure; par un Maître Italien imitateur du Parmesan: *sur ardoise, de 17 pouces de haut, sur 12 pouces de large.*

Plus bas, Notre-Seigneur au Sépulcre pleuré par les Maries, esquisse en grisaille; par VANDYCK: *sur bois, de 14 pouces de haut, sur 12 pouces de large.*

A gauche du Tableau de la Vierge de Van-Oost, trois Tableaux l'un sur l'autre. Celui d'en haut est en rond, & représente un homme vû de profil, avec un collet & les cheveux courts. C'est le Portrait d'Abraham Ortelius, célèbre Géographe; peint par POURBUS: *sur bois, de 8 pouces de haut, sur 8 pouces de large.*

Au-dessous, une Sainte Solitaire à genoux, considérant une Tête de Mort & un Crucifix; par LE PARMESAN: *sur bois, de 16 pouces de haut, sur 12 pouces de large.*

Plus bas, un Tableau représentant plusieurs Martyrs entre les mains des Bourreaux, esquisse en grisaille; de VANDYCK: *sur toile, de 18 pouces de haut, sur 13 pouces de large.*

En face de la Porte d'entrée, en approchant des Fenêtres, dans la partie supérieure, deux Portraits jusqu'aux genoux, dont l'un d'un homme avec un Manteau & une Fraise, ayant les cheveux courts ; par Rubens : *sur toile, de 3 pieds 9 pouces de haut, sur 2 pieds 8 pouces de large.*

L'autre, d'une Femme avec une Fraise, & tenant un Gand ; par Rubens : *sur toile, de 3 pieds 9 pouces de haut, sur 2 pieds 9 pouces de large.*

Au-dessous, deux Tableaux, dont celui le plus voisin de la Fenêtre, représente S. Joseph avec la Sainte Vierge tenant l'Enfant Jesus debout, demi-figures ; par le Schedon : *sur toile, de 2 pieds 9 pouces de haut, sur 2 pieds de large.*

L'autre, la Sainte Vierge avec l'Enfant Jesus & Saint Jean jouant ensemble, demi-figures ; par le Guerchin : *sur toile, de 2 pieds 9 pouces de haut, sur 2 pieds de large.*

Au-dessous, cinq Tableaux sur une même file. Celui du milieu représente Saint Pierre de l'Ordre de Saint Dominique, martyrisé par les Albigeois, dans un beau Paysage ; par le Pere *Guillaume* Courtois Jésuite, dit le Bourguignon : *sur toile, d'un pied & demi de haut, sur 2 pieds de large.*

A sa droite, l'Enfant Jesus environné de Chérubins, foulant une Tête de Mort ; par

Elisabeth SIRANI : *fur cuivre, de* 13 *pouces de haut, fur* 9 *pouces de large.*

Et enfuite, Marie de Médicis, fous la figure de Minerve, efquiffe en grifaille pour la Galerie du Luxembourg; par RUBENS : *fur bois, de* 8 *pouces & demi de haut, fur* 5 *pouces & demi de large.*

A gauche du Tableau du milieu, la Magdelaine Pénitente; par *Benedetto* LUTI. Il a été gravé dans le Recueil des Eftampes publié par les foins de M. Crozat : *fur toile, de* 18 *pouces de haut, fur* 13 *pouces & demi de large.*

Plus loin, Tableau repréfentant une jeune Fille, qui fuit devant un homme cuiraffé qui la pourfuit; par LE GIORGION : *fur bois, de* 6 *pouces & demi de haut, fur* 5 *pouces de large.*

Sur la Porte par laquelle on eft entré dans cette feconde Piéce, des Soldats jouans aux dez, dans un Payfage; par *Salvator* ROSA : *fur toile, de* 2 *pieds & demi de haut, fur* 23 *pouces de large.*

Sur la Porte par laquelle on paffe dans la troifiéme Piéce, une Charité Romaine; par *Charles* LOTH : *fur toile, de* 2 *pieds* 10 *pouces de haut, fur* 3 *pouces & demi de large.*

TROISIÉME PIÉCE
DE L'APPARTEMENT
AU RÈS DE CHAUSSÉE,

Et dans la partie Supérieure.

A droite en entrant,

NOTRE-Seigneur apparoiffant à l'Apôtre S. Thomas, & le guériffant de fon incrédulité, demi-figures; par *Antoine* VANDYCK: *fur toile, de 4 pieds 6 pouces de haut, fur 3 pieds 5 pouces de large.*

Au deffous, & pareillement dans le milieu, une Vierge tenant un Livre d'une main, & découvrant de l'autre l'Enfant Jefus dormant dans un berceau; par REMBRANDT: *fur toile, de 3 pieds 5 pouces de haut, fur 2 pieds 8 pouces de large.*

Aux côtés de ces deux Tableaux, quatre autres à droite, dont le premier & le plus élevé eft le Bufte d'un Vieillard, ayant la tête chauve & tenant un Livre fermé; par *Simon* CANTARINI *dit le* PESARESE: *fur toile, de 2 pieds de haut, fur 18 pouces de large.*

Enfuite, Rachel donnant de l'eau pour abbreuver les troupeaux de Jacob ; par *Sébaſtien* RICCI : *fur toile, de 2 pieds & demi de haut, fur 21 pouces de large.*

Au deſſous, un repos en Egypte, Tableau de forme ronde ; par *Annibal* CARRACHE : il y en a une Eſtampe gravée par François de Poilly : *fur toile, de 2 pieds 5 pouces de haut, fur 2 pieds 5 pouces de large.*

Plus bas, une Samaritaine, Eſquiſſe ; par *Dominique* GABBIANI : *fur toile, de 13 pouces de haut, fur 16 pouces de large.*

A la gauche des deux Tableaux de VANDYCK & de REMBRANDT, quatre Tableaux, dont celui d'en haut eſt le portrait d'un homme vêtu de noir, ayant les cheveux courts & la barbe noire ; par LE TITIEN : *fur toile, de 23 pouces de haut, fur 18 pouces de large.*

Au deſſous, la Sainte Vierge ſe repoſant dans un Payſage ; par DE SONS : *de 2 pieds 3 pouces de haut, fur 17 de large.*

Enfuite, la Sainte Vierge accompagnée de l'Enfant Jeſus, & des ſaints Patrons de la Ville de Parme, recevant les hommages de cette Ville ; Tableau dans la manière du CORREGE, & qui a été fait par un de ſes Éleves :

Élevcs : *sur toile, de 2 pieds 4 pouces de haut, sur 22 pouces de large.*

Plus bas, S. Laurent sur le gril environné de plusieurs Soldats ; par le Chevalier LANFRANC : *sur cuivre, de 10 pouces de haut, sur 13 pouces de large.*

En tournant à gauche de la porte d'entrée, & dans le milieu, le Christ mort dans le Sépulchre, soutenu par la Vierge & accompagné d'un Ange ; par *Paul* VERONESE : on en a deux Estampes, l'une d'*Augustin Carrache*, & la seconde qui se trouve dans le Recueil publié par M. Crozat : *sur toile, de 4 pieds & demi de haut, sur 3 pieds 5 pouces de large.*

Au dessous, une vieille Femme faisant lire un Enfant, demi-figure ; par REMBRANDT : *sur toile, de 3 pieds 6 pouces de haut, sur 2 pieds 9 pouces de large.*

A droite des deux précédens Tableaux, quatre plus petits l'un sur l'autre, dont celui d'en haut est un Dessein au crayon noir, représentant une Tête de Vieillard qui regarde en bas ; par RUBENS : *de 22 pouces de haut, sur 18 pouces de large.*

Au dessous, Saint Roch dans la prison, accompagné d'un Saint Évêque & de Saint

B

Sébaſtien nud attaché à une colonne ; étude de *Jacques* BASSAN : *ſur toile, de* 21 *pouces de haut, ſur* 16 *pouces de large.*

Enſuite, une Vierge donnant à tetter à l'Enfant Jeſus couché ſur un carreau verd, demi-figure ; par *André* SOLARIO : *ſur bois, de* 2 *pieds de haut, ſur* 17 *pouces de large.*

Plus bas, un Cavalier ſuivi de trois Hommes portant des flambeaux, ſe retirant dans une caverne, où s'eſt refugiée une troupe de voleurs ; par *Auguſtin* TASSI : *ſur ardoiſe, de* 10 *pouces de haut, ſur* 19 *pouces de large.*

A la gauche des Tableaux de Paul Véroneſe & de Rembrandt, le Carton original ou l'Étude au paſtel de la tête de la Sainte Vierge, que LE CORREGE avoit peinte dans la tribune de l'Égliſe de S. Jean à Parme : *de* 22 *pouces de haut, ſur* 18 *pouces de large.*

Au deſſous, la Madelaine enlevée au Ciel ; par LANFRANC : *ſur toile, de* 2 *pieds de haut, ſur* 18 *pouces de large.*

Enſuite, un Martyr refuſant de ſacrifier aux Idoles ; Eſquiſſe d'un des Éleves de RUBENS : *ſur bois, de* 26 *pouces de haut, ſur* 20 *pouces de large.*

Et plus bas, un Tableau repréſentant une Nuit: on y voit un Homme qui tient un cheval d'une main & de l'autre un flambeau, & deux Soldats qui ſoutiennent un Homme bleſſé; d'*Auguſtin* TASSI: *ſur ardoiſe, de* 10 *pouces de haut, ſur* 19 *pouces de large.*

Dans une niche à droite de la cheminée, en haut, l'intérieur de la Sainte Vierge, demi-figure; par LE FETI. Elle a été gravée dans le Recueil de M. Crozat: *ſur toile, de* 3 *pieds* 8 *pouces de haut, ſur* 2 *pieds* 10 *pouces de large.*

Au deſſous, l'Enfant Jeſus adoré par les Bergers : petit Tableau du grand qui eſt à Rome dans la Galerie du Palais de Monte Cavallo; par *Carle* MARATTE: M. Crozat l'a fait graver dans le Recueil qu'il a publié.

Dans la niche à gauche de la cheminée, une Femme nue ſortant du Bain, demi-figure; par LE TINTORET: *ſur toile, de* 3 *pieds* 7 *pouces de haut, ſur* 3 *pouces de large.*

Au deſſous, la Réception de Notre-Seigneur chez Marthe & Marie; Tableau de *Jacques* BASSAN. Il a été gravé par Sadeler : *ſur toile, de* 2 *pieds* 4 *pouces de* haut, sur 3 pieds 4 pouces de large.

A gauche de la porte par laquelle on entre dans la troisiéme Chambre, un grand Tableau représentant la Naissance de Saint Jean-Baptiste; du TINTORET : on en a l'Estampe dans le Recueil publié par les soins de M. Crozat : sur toile, de 5 pieds 6 pouces de haut, sur 8 pieds 1 pouce de large.

Au dessous, dans le milieu, un Vieillard achetant les faveurs d'une jeune Femme, qui comme lui est en demi-figure, & qui tient un globe de verre auquel sont attachées deux aîles, ce qui peut être un Emblême de l'inconstance & de la fragilité de l'Amour; Tableau DU TITIEN : sur toile, de 2 pieds 3 pouces de haut, sur 2 pieds 9 pouces de large.

A droite de ce Tableau, Marsias écorché par Apollon; Tableau de Paul VERONESE, dont on a une Estampe dans le Recueil de M. Crozat : sur toile, de 19 pouces de haut, sur 25 pouces de large.

Au dessous, dans le milieu, deux petits Tableaux, l'un représentant une Sainte Vierge tenant l'Enfant Jesus, Sainte Cathérine & un Ange jouant du violon; par LE PROCACCINI : sur bois, d'un pied de haut, sur 9 pouces de large.

L'autre, une Sainte Vierge tenant l'Enfant Jesus avec un petit Saint Jean, une Sainte Catherine & un Saint François ; par le Chevalier VANNI : *sur cuivre, de 12 pouces de haut, sur 9 pouces de large.*

A la gauche du grand Tableau du Titien, la Félicité du régne de Jacques I. Roi de la Grande-Bretagne, traitée allégoriquement ; Esquisse de RUBENS, pour le grand Tableau qu'il a peint dans le plafond de la Salle des Banquets au Palais de Withal à Londres : *sur bois, de 24 pouces de haut, sur 18 pouces de large.*

Au dessous, deux petits Tableaux, dont l'un est la Vision d'Ezechiel ; par LE CORREGE : *sur bois, de 11 pouces de haut, sur 8 pouces de large.*

L'autre, la Sainte Vierge sur un nuage tenant l'Enfant Jesus, à qui une Sainte Religieuse accompagnée de Saint Dominique présente une Couronne d'épines, & reçoit en échange une Couronne de Gloire ; par *Philippe* LAUR : *sur bois, de 11 pouces de haut, sur 9 pouces de large.*

En face de la porte d'entrée, & du côté des fenêtres, Notre-Seigneur chassant les Marchands du Temple, grand Tableau ; par LE

VALENTIN : *fur toile, de 5 pieds 6 pouces de haut, fur 8 pieds de large.*

Au deſſous, dans le milieu, la Sainte Vierge & l'Enfant Jeſus, à qui un Noble Vénitien vient rendre ſes hommages, demi-figures; par LE TITIEN : *ſur toile, de 2 pieds 7 pouces de haut, ſur 2 pieds 10 pouces de large.*

A droite, un Roi aſſis ſur ſon Trône, recevant les excuſes d'un jeune Homme qui refuſe de tirer une flèche & de percer le corps mort de ſon Pere, tandis qu'un prétendu Frere n'en fait aucune difficulté, & apprend au Prince par cet acte d'inhumanité qu'il n'eſt point Fils du mort, & qu'il ne doit avoir aucune part à ſa ſucceſſion; par un Peintre de l'École de Boulogne : *ſur bois, d'un pied 1 pouce de haut, ſur 1 pied & demi de large.*

Au deſſous, la Création d'Éve; par JULE-ROMAIN. Il a été gravé dans le Recueil de M. Crozat : *ſur bois, d'un pied 1 pouce de haut, ſur 11 pouces de large.*

A gauche du Tableau de la Vierge du Titien, le Baptême de Notre-Seigneur; par *Alexandre* VERONESE : *ſur cuivre, d'un pied 7 pouces de haut, ſur 2 pieds de large.*

Au deſſous, deux petits Tableaux, l'un repréſentant un Chriſt attaché ſur la Croix; Eſquiſſe de *Paul* VERONESE, qui a été gravée par Brebiette: *ſur bois, de 9 pouces de haut, ſur 8 pouces de large.*

L'autre, un Chriſt entre les mains des Maries; Eſquiſſe de *Valerio* CASTELLI: *ſur bois, de 10 pouces de haut, ſur 8 pouces de large.*

Sur la porte par laquelle on eſt entré dans cette piéce, un Sacrifice antique; par SALVIATI: *ſur bois, de 3 pieds 4 pouces de haut, ſur 4 pieds 4 pouces de large.*

Au deſſus de la porte par laquelle on paſſe de la troiſiéme Chambre à la quatriéme, Notre-Seigneur couronné d'épines & inſulté par les Juifs; par *Jacques* BASSAN: *ſur toile, de 2 pieds 4 pouces de haut, ſur 2 pieds & demi de large.*

QUATRIÉME PIÉCE
DE L'APPARTEMENT
AU RÈS DE CHAUSSÉE.

A droite, en entrant dans la Partie la plus voisine du plafond, & dans le milieu,

LE Portrait du Cardinal Polus jusqu'aux genoux; par *Raphaël* D'URBIN. Il a été gravé dans le Recueil de M. Crozat : *sur toile, de 3 pieds 5 pouces de haut, sur 2 pieds 9 pouces de large.*

Au dessous, deux Tableaux, dont le plus près de la fenêtre est une Femme représentant la Foi, tenant d'une main une Croix & de l'autre un Calice, demi-figure; par PARIS BORDONE : *sur bois, de 3 pieds de haut, sur 2 pieds 4 pouces de large.*

L'autre, représentant le Portrait d'une Femme jusqu'aux genoux, coëffée d'une Toque & vêtue d'une Robe d'écarlate ; par *André* DEL SARTE : *sur bois, de 2 pieds 10 pouces de haut, sur 2 pieds de large.*

Dans la ligne d'en bas, & au milieu, le

Deſſein de la Bataille de Conſtantin contre Maxence, ſous une glace ; par *Raphaël d'Urbin* : *ſur papier, de 13 pouces de haut, ſur 2 pieds 7 pouces de large.*

A gauche de ce Deſſein, près la fenêtre, la Sainte Vierge & l'Enfant Jeſus ſur un piedeſtal, environné de Sainte Eliſabeth tenant Saint Jean, de Saint Antoine, de Saint Laurent & de Sainte Barbe ; par *Louis Carrache* : *ſur cuivre, de 16 pouces de haut, ſur 11 pouces de large.*

De l'autre côté de la Bataille de Conſtantin, eſt une Sainte Vierge ſur une eſpéce de trône tenant l'Enfant Jeſus ; à ſa droite eſt un Saint George debout en cuiraſſe tenant une lance, à ſa gauche un Vieillard drapé de jaune ; par LE SCHEDON : *ſur bois, de 15 pouces de haut, ſur 12 pouces de large.*

A gauche de la porte en entrant, & dans la partie ſupérieure, le Portrait juſqu'aux genoux d'un jeune homme coeffé d'un chapeau & ayant un rabat ; par REMBRANDT : *ſur toile, de 3 pieds 5 pouces de haut, ſur 2 pieds 10 pouces de large.*

Et David victorieux de Goliath dont il tient la Tête, demi-figure ; par LE FETI. On en voit l'Eſtampe dans le Recueil publié par M. Crozat: *sur toile, de 3 pieds 2 pouces de haut, sur 2 pieds 5 pouces de large.*

Au dessous, dans le milieu, une Sainte Famille, avec un Saint Jérôme; du vieux PALME: *sur toile, de 3 pieds 7 pouces de haut, sur 4 pieds 9 pouces de large.*

Et plus bas, Hercule au Jardin des Hespérides, dans une Frise peinte par LE PORDENON: *sur bois, de 14 pouces de haut, sur 4 pieds 8 pouces de large.*

Dans le milieu, en face des fenêtres, un grand Paysage avec figures représentant Jupiter & Io; d'*André* SCHIAVON: M. Crozat l'a fait graver dans son Recueil: *sur toile, de 11 pouces de haut, sur 9 pouces de large.*

Au dessous, dans le milieu, la Sainte Vierge tenant l'Enfant Jesus debout, avec Saint Pierre & Saint Antoine; par *Jean* BELLIN: *sur bois, de 15 pouces & demi de haut, sur 21 pouces de large.*

A droite, le Martyre de Saint Erasme; par *Pietro* TESTA: *sur bois, d'un pied de haut, sur 9 pouces de large.*

A gauche, Jesus-Christ attaché à la colonne & flagellé; Esquisse du TINTORET:

sur toile, de 10 pouces & demi de haut, sur 9 pouces de large.

Au dessous, & plus bas, Hercule enlevant les troupeaux de Cacus; autre Frise du PORDENON: *sur bois, de 14 pouces de haut, sur 4 pieds 8 pouces de large.*

A la droite du Tableau de Cacus, un Tableau ovale représentant un Buste de Vieillard vû de profil, drapé de blanc, & tenant un couteau; de L'ESPAGNOLET. On en a l'Estampe dans le Cabinet de M. Daiguilles: *sur toile, de 2 pieds de haut, sur un pied & demi de large.*

De l'autre côté de la Frise du Pordenon, un Tableau ovale, représentant un Buste de Femme ayant les yeux tournés vers le Ciel; par *Guido* CAGNACCI: *sur toile, de 2 pieds de haut, sur un pied & demi de large.*

Sur le pan coupé à droite, en tournant le dos à la fenêtre, dans le haut, un Musicien tenant un rouleau de papier à la main, demi-figure; par LE MANFREDI: *sur toile, de 2 pieds 10 pouces de haut, sur 2 pieds 3 pouces de large.*

Au dessous, la Madelaine enlevée au Ciel par les Anges; du DOMINIQUIN:

sur toile, de 4 pieds de haut, sur 3 pieds 3 pouces de large.

Et plus bas, la Sainte Vierge & S. Joseph en adoration devant l'Enfant Jesus, dans un Paysage; du GIORGION: *sur bois, de 18 pouces de haut, sur 14 pouces de large.*

Au pan coupé à gauche, en tournant encore le dos à la fenêtre, le Buste d'un Guerrier en cuirasse; par *Salvator* ROSA: *sur toile, de 2 pieds 1 pouce de haut, sur 21 pouces de large.*

Au dessous, la Sainte Vierge présentant l'Enfant Jesus au Temple; par *François* BASSAN: *sur toile, de 4 pieds de haut, sur 2 pieds 10 pouces de large.*

En bas, la Sainte Vierge caressant l'Enfant Jesus, avec quelques Anges; par *Camillo* PROCACCINI: *sur bois, de 19 pouces de haut, sur 15 pouces de large.*

A gauche de la cheminée, & au haut de la piéce, deux Portraits jusqu'à la ceinture, l'un d'un Comédien la tête découverte, tenant un masque d'Arlequin; par LE FETI. Il est gravé dans le Recueil de M. Crozat: *sur toile, de 3 pieds 1 pouce de haut, sur 2 pieds 5 pouces de large.*

L'autre, le Portrait d'un Homme vêtu d'un habit mi-parti de rouge & de jaune, & coeffé d'un bonnet ; du GIORGION : *sur toile, de 3 pieds 6 pouces de haut, sur 2 pieds 10 pouces de large.*

Au dessous, la Sainte Vierge en demi-figure, embrassant l'Enfant Jesus, auquel font cortége des Anges qui jouent du Luth ; par *Frere Barthelemi* de Saint MARC. On en trouve l'Estampe dans le Recueil de M. Crozat : *sur bois, de 3 pieds 10 pouces de haut, sur 3 pieds 10 pouces de large.*

Plus bas, le Combat d'Hercule contre les Lapithes ; Frise du PORDENON : *sur bois, de 14 pouces de haut, sur 4 pieds 8 pouces de large.*

Au côté droit de la cheminée, en approchant des fenêtres, & dans la partie la plus élevée, le Portrait jusqu'aux genoux d'un Vieillard assis, coeffé d'un bonnet avec plume, s'appuyant les deux mains sur sa canne ; par REMBRANDT : *sur toile, de 3 pieds 9 pouces de haut, sur 3 pieds 5 pouces de large.*

Au dessous, l'Adoration des Mages, par *Paul* VERONESE, gravée dans le Recueil publié par M. Crozat : *sur toile, de 3 pieds 2* pouces de haut, sur 4 pieds 2 pouces de large.

En bas, trois Tableaux: celui du milieu représente la vûe de *Ponterotto* à Rome; par VAN-VITELLI, plus connu sous le nom de *Gasparo* degli OCCHIALI: *sur toile, d'un pied de haut, sur 2 pieds 5 pouces de large.*

Près de la fenêtre, la Sainte Vierge coeffée d'un chapeau de paille tenant l'Enfant Jésus, près duquel est le jeune Saint Jean avec son Agneau, & Saint Joseph conduisant un âne; par *Hyppolite* SCARZELLIN de Ferrare: *sur cuivre, de 13 pouces de haut, sur 10 pouces de large.*

De l'autre côté, l'Annonciation de la Sainte Vierge; par *Carle* MARATTE. M. Crozat en a donné une Estampe dans son Recueil: *sur cuivre, de 14 pouces de haut, sur 10 pouces de large.*

Sur la cheminée, Jesus-Christ présenté au Temple par la Sainte Vierge, demi-figure; par *Lorenzo* LOTTI.

Sur la porte en face de la cheminée, deux Bustes, dont l'un est Saint Pierre pleurant son péché; par LE GUIDE: *sur bois, de 2 pieds 4 pouces de haut, sur 21 pouces de large.*

L'autre, est un Saint Jérôme avec cheveux & barbe blanche, une épaule nue, & l'autre couverte d'un manteau rouge, ayant les mains jointes; du GUIDE: *sur toile, de 2 pieds 3 pouces de haut, sur 21 pouces de large.*

Dans le Trumeau entre les fenêtres, le Portrait d'une Femme vêtue de noir, coeffée d'une simple cornette, avec une collerette & des manchettes plates; de REMBRANDT: *sur toile, de 3 pieds 3 pouces de haut, sur 2 pieds 7 pouces de large.*

Au dessous, un Tableau représentant des perdrix, des beccassines, un coq, &c. par *Ferdinand* BOL, Éleve de REMBRANDT: *sur toile, de 3 pieds de haut, sur 2 pieds 6 pouces de large.*

En bas, la Sainte Famille; d'après LE GUIDE, qui en a donné lui-même une Estampe.

ANTICHAMBRE

ANTI-CHAMBRE
DE LA GALERIE.

Sur la porte d'entrée,

SAINTE Élisabeth Reine de Hongrie fervant les Malades, & leur portant en fecret des rafraîchiffemens qui fe changent en fleurs; par *Valerio* CASTELLI: *fur toile, de 18 pouces de haut, fur 14 pouces de large.*

Un autre Tableau, repréfentant la Sainte Vierge & S. Jofeph recevant les inftructions que leur donne l'Enfant Jefus, demi-figures; par LE BAROCHE: *fur cuivre, de 5 pouces de haut, fur 6 pouces & demi de large.*

En allant vers la cheminée, fur le premier pan coupé à droite en regardant la cheminée, la Sainte Vierge à genoux devant l'Enfant Jefus couché dans la Crèche; par *Frédéric* BAROCHE: *fur toile, de 15 pouces de haut, fur 11 pouces de large.*

Une Sainte Famille, fur un fond d'Architecture en manière d'Amphithéâtre; par *François* MAZZUOLI, furnommé LE PAR-

C

(34)

MESAN: sur ardoise, de 16 pouces de haut, sur 11 pouces & demi de large.

Sur le pan coupé qui vient ensuite, & qui est à gauche de la cheminée, l'Adoration des Bergers; DU FETI. Il y en a une Estampe dans le Recueil de M. Crozat: sur bois, de 18 pouces de haut, sur 13 pouces de large.

Au dessous, Notre-Seigneur au Jardin des Olives; d'Annibal CARRACHE: sur ardoise, de 16 pouces de haut, sur 13 pouces de large.

Sur le pan coupé près de la fenêtre, la Sainte Vierge tenant l'Enfant Jesus, Saint François & le petit Saint Jean, avec une gloire d'Anges; par Dominique RICCI, dit LE BRUSASORCI, Peintre de Vérone : sur ardoise, de 15 pouces de haut, sur 8 pouces & demi de large.

Au dessous, Saint George monté sur un cheval blanc; par Raphaël D'URBIN: M. Crozat l'a fait graver dans son Recueil. On en avoit déja une Estampe gravée par Vorsterman: sur bois, de 11 pouces de haut, sur 8 pouces de large.

PETIT
SALON de
la GALE-
RIE.

Dans le petit Salon de la Galerie, à droite de la porte d'entrée, Danaë recevant

Jupiter métamorphosé en pluie d'Or; par LE TITIEN. On en a l'Estampe dans le Recueil publié par les soins de M. Crozat: *sur toile, de 5 pieds de haut, sur 5 pieds 10 pouces de large.*

Vis-à-vis, le même Sujet; par REMBRANDT: *sur toile, de 6 pieds de haut, sur 6 pieds de large.*

A gauche de la cheminée, une Femme terrassée, & prête à être poignardée par un homme vêtu d'une tunique rayée de rouge & de blanc; première pensée DU TITIEN, pour le Tableau qu'il a peint dans l'École de Saint Antoine à Padoue: *sur toile, de 11 pouces de haut, sur 8 pouces de large.*

Une Sainte Martyre, attendant le coup qui doit lui séparer la tête d'avec le corps; par un des meilleurs Disciples des Carraches, que quelques-uns estiment être LE GUIDE: *sur cuivre, de 12 pouces & demi de haut, sur 17 pouces de large.*

Un Paysage avec deux figures, dont une coëffée d'un Turban, l'autre drappée de jaune; par LE MOLE: *sur toile, de 7 pouces de haut, sur 11 pouces de large.*

A droite de la cheminée, un jeune Homme mort, environné de plusieurs figures qui

C ij

prient Saint Antoine de Padoue de le ref-
fufciter ; petit Tableau peint par LE TITIEN,
pour parvenir à celui qu'il a exécuté en
grand dans l'École de Saint Antoine à Padoue : *fur bois, de* 11 *pouces de haut, fur*
7 *pouces & demi de large.*

Prédication de Saint Jean dans le défert ;
par un des Difciples des Carraches, peut-
être LE GUIDE dans fa jeuneffe : *fur cuivre,
d'un pied de haut, fur* 17 *pouces de large.*

Un Chaffeur fe repofant au bord d'une
Fontaine avec fes chiens ; DU MOLE : *fur
toile, de* 7 *pouces de haut, fur* 11 *pouces
de large.*

*A droite de la porte qui donne entrée
dans la Galerie,* une Bacchante montée
fur une chevre, & accompagnée de plufieurs Enfans ; par *Nicolas* POUSSIN : *fur
toile, de* 26 *pouces de haut, fur* 20 *pouces
& demi de large.*

Au deffous, un Satyre fur une efpéce
de trône, recevant des fruits & des ani-
maux de toute efpéce qu'on lui préfente ;
par *Benedette* CASTIGLIONE : *fur cuivre,
de* 19 *pouces de haut, fur* 2 *pieds de large.*

A gauche de ladite porte, un Satyre buvant, & à côté de lui une Femme nuë tenant un globe de verre; par *Nicolas* Poussin: *sur toile, de* 28 *pouces de haut, sur* 23 *pouces de large.*

Au deſſous, un Bacchant tenant un violon d'une main, & de l'autre careſſant une Bacchante qui tient un tambour de Baſque; par *Benedette* Castiglione: *ſur cuivre, de* 17 *pouces de haut, ſur* 2 *pieds de large.*

Dans la Galerie, en face des fenêtres, GALERIE. *en entrant à droite, & dans le rang le plus voiſin du Plafond,* un grand Tableau repréſentant la mort de Didon; par *Sebaſtien* Bourdon: *ſur toile, de* 4 *pieds* 10 *pouces de haut, ſur* 3 *pieds* 3 *pouces de large.*

En ſuivant la même ligne, une aſſemblée de jeunes Filles qui travaillent: Tableau connu ſous le nom des *Couſeuſes*; du Guide: *ſur toile, de* 4 *pieds* 5 *pouces de haut, ſur* 6 *pieds* 4 *pouces de large.*

Silène à qui une Bacchante verſe à boire; par *Pierre-Paul* Rubens: *ſur bois, de* 5 *pieds* 11 *pouces de haut, ſur* 5 *pieds de large.*

Le Mariage de Sainte Catherine; par *Paul* Véronese. M. Crozat en a fait une

C iij

des Estampes de son Recueil: *sur toile, de 4 pieds 5 pouces de haut, sur 6 pieds 1 pouce de large.*

Darius faisant ouvrir le tombeau de Nitocris, dans l'espérance d'y trouver un trésor; par *Eustache* LE SUEUR. Il a été gravé par Bernard Picart: *sur toile, de 4 pieds 11 pouces de haut, sur 3 pieds 4 pouces de large.*

Au dessous, une Vierge avec l'Enfant Jesus tenant une Croix, demi-figures; DU SCHEDON: *sur bois, de 19 pouces de haut, sur 15 pouces de large.*

Et, Jesus-Christ parlant avec la Samaritaine; par *Benvenuto* GAROFALO. C'est une des Estampes du Recueil publié par M. Crozat: *sur bois, de 10 pouces de haut, sur 14 pouces & demi de large.*

En retournant sur ses pas, & à droite, Loth & ses Filles; de L'ALBANE: *sur toile, de 27 pouces de haut, sur 2 pieds 5 pouces de large.*

La Sainte Famille avec l'Enfant Jesus endormi dans un Paysage, demi-figures; par LE DOSSO de Ferrare: *sur toile, de 2 pieds & demi de haut, sur 4 pieds de large.*

Une Vierge tenant l'Enfant Jesus sur ses genoux, & accompagnée de Saint Joseph, demi-figures ; par *Raphael* d'Urbin. On en trouve l'Estampe dans le Recueil de M. Crozat : *sur bois, de 27 pouces de haut, sur 21 pouces de large.*

Autre Vierge caressant l'Enfant Jesus ; par le Correge. Ce Tableau a été gravé par Drevet : *sur toile, de 18 pouces de haut, sur 15 pouces de large.*

Sainte Justine recevant dans le sein un coup de poignard, en présence d'un homme habillé en Turc qui paroît ordonner son Martyre, demi-figures ; par *Paul* Véronese : *sur toile, de 2 pieds de haut, sur 21 pouces de large.*

La Sainte Vierge tenant l'Enfant Jesus dans un Paysage, avec le petit Saint Jean & trois autres Figures, dont une tient un Livre ouvert : l'autre est un Pélerin caractérisé par son Bourdon ; du Vieux Palme : *sur bois, de 2 pieds 7 pouces de haut, sur 4 pieds 1 pouce de large.*

La Sainte Vierge & l'Enfant Jesus au milieu d'une guirlande de fleurs ; les figures sont de Rubens, & les fleurs de Breugle de Velours : *sur bois, de 2 pieds 7 pou-*

C iiij

ces de haut, sur 2 pieds de large.

Un saint Évêque à genoux, adorant la Sainte Vierge qui est assise sur des nuées, & qui porte entre ses bras l'Enfant Jesus; par le Morazone, Peintre Milanois: *sur toile, de 17 pouces de haut, sur 13 pouces de large.*

Au dessous, la Samaritaine; par le Dominiquin: *sur cuivre, de 11 pouces & demi de haut, sur 15 pouces & demi de large.*

Premier trumeau en entrant dans la Galerie, le Portrait d'un Vieillard avec barbe & rabat, un pourpoint noir & des manches jaunes, tenant un masque; par *Antoine* More: *sur toile, de 2 pieds 9 pouces de haut, sur 27 pouces de large.*

La Sainte Vierge dans le Ciel, présentant l'Enfant Jesus à Saint François d'Assise; par *Pietre* de Cortone: *sur toile, de 2 pieds 11 pouces de haut, sur 26 pouces de large.*

Tableau allégorique, représentant la Vertu qui punit l'Oisiveté, & fait fleurir le Travail; par le Siciolante, dit Sermonetta, Disciple de Perin del Vague. M. Crozat l'a fait graver, & l'Estampe fait partie de celles qui composent son Recueil : *sur bois, de 22 pouces de haut, sur 26 pouces de large.*

Deuxiéme trumeau, Tableau fait dans le premier âge de la Peinture, & dans lequel sont représentées deux demi-figures, dont l'une écrit dans un Livre ; par *Quentin* MESSIS, dit LE MARECHAL D'ANVERS : *sur bois, de 3 pieds & demi de haut, sur 2 pieds & demi de large.*

Judith foulant aux pieds la tête d'Holopherne ; par RAPHAEL. C'est une des Estampes du Recueil de M. Crozat : *sur bois, de 4 pieds 5 pouces de haut, sur 2 pieds 7 pouces de large.*

Troisiéme trumeau, le Portrait d'une Femme coeffée d'une Toque rouge avec une plume blanche, & vêtue d'un manteau, qui passant sur une épaule, laisse voir une partie de sa chemise ; par LE TITIEN. On en a une Estampe gravée par Pierre de Jode : *sur toile, de 2 pieds 11 pouces de haut, sur 2 pieds & demi de large.*

Quatre Enfans jouant à terre, & trois petits Amours voltigeant au dessus ; par *Nicolas* POUSSIN : *sur toile, de 2 pieds*

10 *pouces de haut, sur* 2 *pieds* 2 *pouces de large.*

Le Maſſacre des Innocens; Tableau DU SCHEDON: *sur bois, de* 17 *pouces de haut, sur* 2 *pieds de large.*

ANTI-CHAMBRE
DU GRAND APPARTEMENT
AU PREMIER ÉTAGE.

Sur la porte d'entrée,

TABLEAU repréſentant le Printems; par l'un des BASSANS: *ſur toile, de 2 pieds 10 pouces de haut, ſur 3 pieds 9 pouces de large.*

A droite, ſur le pan coupé à côté de la cheminée, le Portrait d'un Homme avec barbe, bonnet noir & habit noir, les chauſſes rouges, appuyé ſur une table couverte d'un tapis verd, avec une écritoire & une lettre; d'*Antoine* MORE: *ſur toile, de 3 pieds 1 pouce de haut, ſur 2 pieds 6 pouces de large.*

Au deſſous, un Homme avec un chaperon ſur ſa tête & un grand habit noir, les deux mains appuyées ſur un Livre: portrait d'Éraſme; par HOLBEINS. Il a été gravé par Luc Vorſterman: *ſur bois, de 2 pieds 6 pouces de haut, ſur 2 pieds de large.*

A gauche de la cheminée, le Portrait de

Jean Malderus Évêque d'Anvers; par *Antoine* VANDYCK. On en a une Eſtampe gravée par Hollar : *ſur toile, de 3 pieds & demi de haut, ſur 2 pieds 9 pouces de large.*

Au deſſous, un Homme avec barbe blanche, un bonnet noir ſur la tête & ayant un linge à la main; par LE TITIEN : *ſur bois, de 2 pieds 9 pouces de haut, ſur 2 pieds 3 pouces de large.*

Dans la face oppoſée à la cheminée, ſur la porte, un Tableau repréſentant l'Automne, ou une Vendange ; par l'un des BASSANS: *ſur toile, de 2 pieds 10 pouces de haut, ſur 3 pieds 9 pouces de large.*

A côté de la porte, près la fenêtre, un Homme peint juſqu'aux genoux, vêtu d'une veſte rouge & d'une robe noire, la main appuyée ſur une table couverte d'un tapis rouge : deſſus la table eſt une Horloge ; par PARIS BORDONE, ou autre Peintre de l'Ecole Vénitienne : *ſur toile, de 3 pieds 10 pouces de haut, ſur 3 pieds de large.*

Au deſſous, l'Hiver repréſenté par une Campagne couverte de neige, avec figures; par l'un des BASSANS: *ſur toile, de 2 pieds 10 pouces de haut, ſur 3 pieds 9 pouces de large.*

De l'autre côté de la porte, une Femme peinte jufqu'aux genoux, vêtue de noir, avec une Fraife & un filet de Perles au col, tenant un mouchoir d'une main, l'autre main appuyée fur un fauteuil rouge; par un Peintre de l'Ecole Vénitienne: *fur toile, de 4 pieds de haut, fur 2 pieds 9 pouces de large.*

Au deffous, l'Été repréfenté par un Payfage enrichi de figures qui s'occupent d'actions champêtres, & parmi elles eft un Enfant cueillant des cerifes; par l'un des BASSANS: *fur toile, de 2 pieds 10 pouces de haut, fur 3 pieds 9 pouces de large.*

SECONDE PIÉCE.

A droite en entrant,

UNE Femme assise dans un fauteuil, ayant une jupe rayée de rouge & de blanc, & un manteau noir, sur un beau fond d'Architecture; c'est la premiére femme de RUBENS, peinte par son Mari : *sur toile, de 4 pieds 9 pouces de haut, sur 3 pieds 9 pouces de large.*

Au dessous, l'Entrevûe de Jacob & de Rachel; par LE MOLE. M. Crozat l'a fait graver dans son Recueil : *sur toile, de 2 pieds 3 pouces de haut, sur 3 pieds de large.*

A gauche de la porte, le Portrait d'un Bourguemestre à barbe blanche & vêtu de noir, tenant un papier, & assis dans un fauteuil, avec un fond d'Architecture; par *Jacques* JORDAENS : *sur toile, de 4 pieds 6 pouces de haut, sur 3 pieds 4 pouces de large.*

Au dessous, un Repos en Égypte: la Vierge, l'Enfant Jesus, Saint Joseph, y sont représentés avec des Anges; par LE

MOLE. On en voit l'Estampe dans le Recueil de M. Crozat : *sur toile, de 2 pieds 3 pouces de haut, sur 3 pieds de large.*

En face de la porte d'entrée, & à la gauche de celle par où l'on entre dans la Piéce suivante, le Portrait d'un Homme vêtu de noir, avec barbe, rabat & manchettes plates, assis dans un fauteuil, & caressant un gros chien; par LE TITIEN : *sur toile, de 3 pieds 10 pouces de haut, sur 3 pieds 3 pouces de large.*

Au dessous, la Providence Divine assise dans le Ciel au milieu de plusieurs figures ayant des Symboles qui servent à caractériser les divers attributs de cet Etre Divin; par *André* SACCHI, qui a peint en grand le même Sujet allégorique dans le Plafond d'une des Chambres du Palais Barberini à Rome. Il y en a une Estampe gravée par Michel Natalis : *sur toile, de 2 pieds 4 pouces de haut, sur 2 pieds 11 pouces de large.*

En tirant du côté des fenêtres, un Cardinal en rochet & camail, ayant un livre ouvert sur ses genoux; portrait du Cardinal Antoine Palavicini par LE TITIEN, qui a été gravé par Pierre de Jode : *sur toile, de 3 pieds 10 pouces*

10 *pouces de haut*, *sur* 3 *pieds* 3 *pouces de large.*

Au deſſous, la Famille du Comte d'Arondel ; par *Antoine* VANDYCK : *sur toile, de* 2 *pieds* 7 *pouces de haut, sur* 3 *pieds* 3 *pouces de large.*

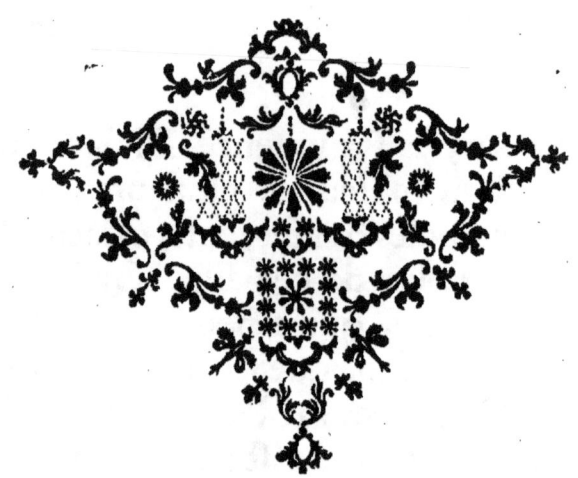

CABINET
A LA SUITE
DE LA BIBLIOTHEQUE.
ÉCOLE FRANÇOISE.

A droite en entrant, & dans la partie la plus voisine du Plafond,

UN Ange consolant Agard & son Fils mourant ; par *Charles* DE LA FOSSE : *sur toile, de 3 pieds de haut, sur 2 pieds 3 pouces de large.*

Au dessous, Esquisse en petit d'un grand Tableau qui est dans une des Salles de l'Hôtel-de-Ville de Paris, représentant le Prévôt des Marchands & les Échevins assemblés pour ordonner les Fêtes qui se célébrerent, lorsque Louis XIV. vint souper avec sa Cour à l'Hôtel-de-Ville ; par *Nicolas* DE LARGILLIERE : *sur toile, de 2 pieds 1 pouce de haut, sur 3 pieds 1 pouce de large.*

Au dessous, & dans le milieu, trois Tableaux, dont le plus élevé représente Saint

Martin donnant son manteau à un Pauvre ; par PAROCEL le Pere : *sur toile, d'un pied de haut, sur* 10 *pouces de large.*

Au dessous, un Paysage avec Architecture, un pont, une chûte d'eau & des figures ; par PATEL : *sur toile, d'un pied 2 pouces de haut, sur* 1 *pied* 5 *pouces de large.*

Plus bas, une Femme avec des Enfans représentant la Charité ; par BLANCHARD : *sur cuivre, de* 7 *pouces de haut, sur* 10 *pouces de large.*

Aux côtés de ces trois Tableaux, quatre Tableaux à droite, dont le premier & le plus élevé représente Zéphire & Flore, demi-figures ; par *Antoine* COYPEL. Il a été gravé par Benoît Audrand : *sur cuivre, de* 11 *pouces de haut, sur* 8 *pouces de large.*

Ensuite, une Sainte Vierge ; par *Charles* COYPEL : *ovale, sur toile, de* 8 *pouces & demi de haut, sur* 7 *pouces & demi de large.*

Au dessous, un petit Tableau représentant une Pastorale, avec une Femme tenant des fleurs dans son tablier ; par PATER : *sur bois, de* 5 *pouces & demi de haut, sur* 7 *pouces de large.*

Plus bas, une Bataille ; par Vander-Meulen : *sur bois, de 4 pouces & demi de haut, sur 7 pouces de large.*

A gauche des trois Tableaux du milieu, quatre Tableaux, dont le plus élevé représente Vertumne & Pomone, demi-figures ; par *Antoine* Coypel, dont on a une Estampe par Ver-Meulen : *sur cuivre, de 11 pouces de haut, sur 8 pouces de large.*

Ensuite, un Tableau ovale représentant la Sainte Vierge, l'Enfant Jesus, Saint Joseph & Saint Jean, en demi-figures ; par Lubin Baugin : *sur cuivre, de 8 pouces & demi de haut, sur 6 pouces de large.*

Au dessous, un petit Tableau représentant une Pastorale, avec un Berger jouant de la flûte ; par Pater : *sur bois, de 5 pouces & demi de haut, sur 8 pouces de large.*

Plus bas, une Bataille ; par Vander-Meulen : *sur bois, de 4 pouces & demi de haut, sur 7 pouces de large.*

De l'autre côté de la porte, dans la partie la plus voisine du plafond, le Portrait d'une Femme voilée ; par Santerre : *sur toile, de 2 pieds 7 pouces de haut, sur 2 pieds 10 pouces de large.*

Au dessous, une École d'Enfans; par les Freres LE NAIN: *sur toile, d'un pied 10 pouces de haut, sur 2 pieds 3 pouces de large.*

Plus bas, deux Tableaux sur la même ligne : dont l'un représente l'Amour aiguisant ses flêches; par NATOIRE: *sur toile, d'un pied 8 pouces de haut, sur un pied 4 pouces de large.*

L'autre représente l'Amour surpris dans les Champs Élisées par les Amantes infortunées, qui se vengent sur lui des tourmens qu'il leur a fait endurer; par *Nicolas* VLEUGHELS: *sur cuivre, d'un pied 5 pouces de haut, sur un pied 1 pouce de large.*

Au dessous, deux Tableaux sur la même ligne : l'un représente la Samaritaine; par *Pierre* MIGNARD: *sur toile, d'un pied un pouce & demi de haut, sur 1 pied 3 pouces de large.*

Et l'autre, une Blanchisseuse, & un Enfant faisant des boulles de savon; par CHARDIN: *sur toile, d'un pied 1 pouce & demi de haut, sur 9 pouces de large.*

Au dessous, dans le milieu, Persée délivrant Andromède; par CORNEILLE des Gobelins, Tableau rond : *sur toile, de 9 pouces de haut, sur 9 pouces de large.*

A côté, un Paysage avec figures ; par *Jacques* CALLOT : *sur bois, de 4 pouces de haut, sur 9 pouces de large.*

A gauche de la cheminée, en haut, un grand Tableau représentant une Femme sur un lit avec un Enfant ; par DE TROY Fils : *sur toile, de 4 pieds 10 pouces de haut, sur 4 pieds 2 pouces de large.*

Au deffous, le Triomphe de Galathée ; par *Nicolas* POUSSIN. Il a été gravé par Pesne : *sur toile, de 3 pieds & demi de haut, sur 4 pieds & demi de large.*

Toujours du même côté, & dans la partie supérieure, une Vierge avec l'Enfant Jesus, demi-figures ; par *Simon* VOUET, dont on a une Estampe gravée par Daret : *sur toile, de 3 pieds de haut, sur 3 pieds 10 pouces de large.*

Au deffous, la Sainte Famille dans un Paysage, avec des ruines ; par *Pierre-Paul* PUGET, célébre Sculpteur. Ce Tableau a été gravé dans le Cabinet d'Aiguilles : *sur toile, de 3 pieds 7 pouces de haut, sur 2 pieds 11 pouces de large.*

En bas, l'Odorat, représenté par une jeune Fille qui jette des parfums dans une caſſolette, & d'autres perſonnes qui flairent des fleurs; par RAOUX. Il y en a une Eſtampe : *ſur toile, d'un pied 10 pouces de haut, ſur 2 pieds 3 pouces de large.*

A droite de la cheminée, en haut, le Triomphe d'Amphytrite; par BON-BOULOGNE : *ſur toile, de 5 pieds de haut, ſur 4 pieds 2 pouces de large.*

Au deſſous, Mercure confiant aux Nymphes l'éducation de Bacchus; par *Laurent* DE LA HIRE : *ſur toile, de 5 pieds 6 pouces de haut, ſur 4 pieds 2 pouces de large.*

En remontant du même côté, en haut, une Femme avec un Enfant, demi-figures; par *Sebaſtien* BOURDON : *ſur toile, de 2 pieds 4 pouces de haut, ſur 1 pied 11 pouces de large.*

Au deſſous, Saint Baſile refuſant l'offrande de l'Empereur Valens, qui dans la ſurpriſe tombe évanoui entre les bras de ſes Gardes; par SUBLEYRAS. C'eſt une première penſée du grand Tableau que ce Peintre a fait pour l'Égliſe de Saint Pierre de Rome :

sur toile, de 4 pieds 1 pouce de haut, sur 2 pieds 5 pouces de large.

En bas, un Tableau repréfentant le Goût: on y voit plufieurs figures d'Hommes & de Femmes galamment vêtues, qui mangent des fruits; par RAOUX. Il a été gravé par le fieur Moyreau: *sur toile, d'un pied 10 pouces de haut, sur 2 pieds 3 pouces de large.*

En face de la porte d'entrée, à gauche & en haut, une Tableau ovale repréfentant le Génie de la Peinture; par *François* LE MOYNE: *sur toile, de 2 pieds de haut, sur 2 pieds 5 pouces de large.*

Enfuite, la Sainte Vierge, Notre-Seigneur & des Anges; par STELLA: *sur toile, de 2 pieds 7 pouces de haut, sur 3 pieds 4 pouces de large.*

Au deffous, un Payfage avec figures: on y voit une Tour carrée, & des Beftiaux traverfant une riviere; par *Claude* LORRAIN: *sur toile, de 2 pieds 4 pouces de haut, sur 3 pieds 1 pouce de large.*

En bas, deux petits Tableaux: l'un repréfente une Marche de Troupes; *sur cuivre, de 8 pouces de haut, sur un pied de large.*

L'autre, une Halte; tous deux par *Antoine* VATTEAU. L'un & l'autre ont été gravés dans le Recueil de M. de Julienne : *sur cuivre, de 8 pouces de haut, sur un pied de large.*

En face de la porte d'entrée, à droite & en haut, un Tableau ovale représentant le Génie de la Sculpture; par DE TROY le fils : *sur toile, de 2 pieds de haut, sur 2 pieds 5 pouces de large.*

Au dessous, une Sainte Vierge, l'Enfant Jesus & des Anges; par CORNEILLE des Gobelins : *sur toile, de 2 pieds de haut, sur 2 pieds de large.*

Ensuite, un Paysage dans lequel est représentée une Fuite en Égypte; par *Nicolas* COLOMBEL : *sur toile, de 2 pieds 2 pouces de haut, sur 2 pieds 11 pouces de large.*

Plus bas, un combat de Cavalerie; par LE BOURGUIGNON : *sur toile, de 14 pouces de haut, sur 22 pouces de large.*

Au dessous, deux sujets de l'Écriture Sainte; Esquisse de *Nicolas* LOYR : *sur toile, de 10 pouces de haut, sur 16 pouces de large.*

Dans le premier trumeau suivant, en haut,

une Femme debout devant son miroir, demi-figure; par COURTIN: *sur toile, de* 2 *pieds* 9 *pouces de haut, sur* 2 *pieds* 3 *pouces de large.*

Au dessous, la Purification de la Sainte Vierge; par *Jean* JOUVENET: *sur toile, de* 2 *pieds* 3 *pouces de haut, sur* 1 *pied* 8 *pouces de large.*

Au dessous, Alexandre visitant les ruines de Troyes & pleurant sur le tombeau d'Achille; par *Sebastien* BOURDON. L'Estampe de ce Tableau se trouve dans le Cabinet d'Aiguilles: *sur toile, d'un pied* 4 *pouces de haut, sur* 1 *pied* 8 *pouces de large.*

En bas, un Paysage dans lequel est représenté Frere Luce à l'entrée de son Hermitage; par *François* BOUCHER: *sur cuivre, de* 2 *pieds de haut, sur* 1 *pied* 8 *pouces de large.*

Dans le trumeau suivant, en haut, une Femme pensive, demi-figure; par DE TROY le Pere. C'est le Portrait de sa Femme: *sur toile, de* 3 *pieds* 2 *pouces de haut, sur* 2 *pieds* 5 *pouces de large.*

Au dessous, deux Tableaux sur la même ligne, dont l'un est le Martyre de Saint Barthelemi; par *Sebastien* BOURDON. Il a été gravé dans le Recueil d'Estampes du Cabinet d'Aiguilles: *sur toile, d'un pied 5 pouces de haut, sur 1 pied 1 pouce & demi de large.*

L'autre représente une Pastorale; par FOREST: *sur bois, d'un pied 3 pouces de haut, sur 11 pouces de large.*

En bas, un Paysage enrichi de trois figures d'Hommes, dont un couché, l'autre debout, & le troisième assis; par MILLET dit FRANCISQUE: *sur toile, d'un pied 8 pouces de haut, sur 1 pied 5 pouces de large.*

APPARTEMENT
EN ENTRESOLE
DE MONSIEUR DE THIERS.

A côté de la porte, à droite en entrant,

L'Enfant Jesus dans la Crèche adoré par les Bergers, avec une Gloire d'Anges; par *Jean* Van-Achen. Ce Tableau a été gravé par Sadeler : *sur bois, de 21 pouces de haut, sur 13 pouces de large.*

L'Adoration des Mages; par *Paul* Veronese. M. Crozat l'a fait graver & l'a publié dans son Recueil : *sur cuivre, de 16 pouces & demi de haut, sur 12 pouces & demi de large.*

Psiché considérant l'Amour endormi; par *Alexandre* Veronese : *sur bois, de 7 pouces & demi de haut, sur 9 pouces & demi de large.*

A gauche de la porte, Danaë visitée par Jupiter transformé en pluie d'or; par *Nicolas* Poussin : *sur toile, de 21 pouces & demi de haut, sur 28 pouces de large.*

Au dessous, deux Tableaux de Marine, dans l'un desquels est un Homme & une Femme à cheval accompagnés d'une Vendeuse de Poissons ; par *Philippe* VOUVERMANS. Il a été gravé par le sieur Moyreau : sur bois, de 14 pouces de haut, sur 11 pouces de large.

Et dans l'autre, deux Batteaux chargés de Marchandises ; par *Adrien* VAN-VELDE : sur bois, de 15 pouces & demi de haut, sur 12 pouces de large.

Au dessous, dans le milieu, une Femme nue & couchée ; par *Antoine* VATTEAU : sur bois, de 7 pouces & demi de haut, sur 10 pouces & demi de large.

D'un côté, un Paysage avec une petite Figure ; par BARTHOLOMÉE : sur bois, de 3 pouces & demi de haut, sur 4 pouces & demi de large.

Et de l'autre, un petit Paysage, où l'on voit représentés Mercure, Argus & Io ; par *Corneille* POELEMBOURG : sur cuivre, de 4 pouces de haut, sur 5 pouces & demi de large.

A droite de la cheminée, Agar dans le désert avec son Fils mourant, consolée par un

Ange, demi-figures; par *André* SACCHI. L'Estampe se trouve dans le Recueil de M. Crozat: *sur toile, de 26 pouces de haut, sur 3 pieds de large.*

Au dessous, un petit Tableau représentant une Femme à sa premiere toilette, au sortir du lit; par *Antoine* VATTEAU: *sur bois, d'un pied de haut, sur 9 pouces de large.*

A côté, une vieille Femme ayant un manteau fouré & un chapeau, en Buste; par *François* MIERIS: *sur bois, de 6 pouces & demi de haut, sur 5 pouces & demi de large.*

Son pendant, un Vieillard avec une grande barbe blanche, demi-figure; par GERARD-DOW: *sur bois, de 9 pouces & demi de haut, sur 7 pouces de large.*

Au dessous, un petit Tableau représentant la porte d'un Château & des Courriers qui y arrivent; par BOTH d'Italie. Le sieur Le Bas l'a gravé: *sur cuivre, de 5 pouces de haut, sur 14 pouces de large.*

A côté, le Vieillard Saint Simeon tenant l'Enfant Jesus entre ses bras, demi-figure; par LE FETI: *sur bois, de 6 pouces & demi.*

Pour pendant, un Homme vêtu de noir;

Portrait de *Paul* VERONESE, de sa main.

A gauche de la cheminée, Saint Joseph recevant l'Enfant Jesus des mains de la Sainte Vierge dans un Paysage ; par PARIS BORDONE : *sur bois, de 2 pieds de haut, sur 2 pieds 10 pouces de large.*

Au dessous, dans le milieu, une Danaë ; par RUBENS : *sur bois, d'un pied de haut, sur 9 pouces de large.*

A côté, deux petits Portraits, dont celui d'un jeune homme avec une chevelure frisée ; par REMBRANDT : *sur bois, de 7 pouces & demi de haut, sur 6 pouces & demi de large.*

L'autre, un Vieillard avec un colet & la tête rasée ; par GERARD-DOW : *sur bois, de 6 pouces & demi de haut, sur 5 pouces & demi de large.*

Plus bas, & dans le milieu, un Hiver ; par BOTH d'Italie : *sur cuivre, de 5 pouces de haut, sur 14 pouces de large.*

A côté, un Hermite lisant, demi-figure ; par GERARD-DOW : *sur bois, de 8 pouces & demi de haut, sur 7 pouces & demi de large.*

Son pendant, le Buste d'un jeune Homme

me en veste de bufle & avec une fraise ; par un bon Maître Italien : *sur bois, de 5 pouces de haut, sur 4 pouces de large.*

Dans le trumeau près de la fenêtre, Abraham congédiant Agar à la sollicitation de Sara ; par *Pierre-Paul* RUBENS: *sur bois, de 21 pouces de haut, sur 28 pouces de large.*

Au dessous, deux Tableaux, dont une Femme avec une fourure d'hermine tenant un papier de Musique, & ayant près d'elle un jeune Homme jouant du violon, demi-figures ; par *Gabriel* METZU : *sur bois, d'un pied de haut, sur 10 pouces de large.*

A côté, un Soldat présentant de l'argent à une Femme qui tient un pot de Bierre & un verre à boire, demi-figures ; par TER-BOURG: *sur bois, de 11 pouces & demi de haut, sur 10 pouces de large.*

Au dessous, dans le milieu, des Personnages en Masque se préparant pour le Bal, demi-figures ; par *Antoine* VATTEAU. Il y en a l'Estampe gravée par Thomassin : *sur bois, de 7 pouces de haut, sur 9 pouces de large.*

Des deux côtés de ce Tableau, deux

E

(66)

Payſages avec ruines & troupeaux, dans l'un deſquels eſt un Homme, & une Femme ſur le devant; par Hoet, Diſciple de Corneille Poëlembourg: ſur cuivre, de 4 pouces & demi de haut, ſur 6 pouces de large.

Et dans l'autre eſt une Femme avec des Chevres; par le même Hoet: ſur cuivre, de 4 pouces de haut, ſur 6 pouces de large.

CABINET
DE TRAVAIL.

A gauche de la porte d'entrée, à droite de la Niche & dans la partie supérieure,

UN Tableau dans lequel sont deux demi-figures, dont un Vieillard vêtu de blanc ayant à la main un gobelet plein de Bierre; par *Adrien* BRAUR: *sur bois, de 11 pouces de haut, sur 9 pouces de large.*

Au dessous, un Homme se faisant la barbe, demi-figure; par SCALK: *sur bois, de 9 pouces & demi de haut, sur 7 pouces de large.*

Plus bas, un Paysage, avec une Femme sur un cheval blanc parlant à un Homme à pied tenant son cheval, & une Meute de chiens; par VAUVERMANS: *sur bois, de 11 pouces de haut, sur 15 pouces de large.*

A gauche de la Niche, commençant par le haut, un Homme en chemise soufflant dans un cornet, & ayant près de lui un petit Garçon, demi-figures; par *Adrien* VAN-OSTADE. Ce Peintre en a donné lui-même une Estampe: *sur bois, de 11 pouces de haut, sur 9 pouces de large.*

Au dessous, un petit Garçon & une petite Fille tenant un pot à moineaux, demi-figures; par MIERIS: *sur bois, de 9 pouces de haut, sur 7 pouces de large.*

Plus bas, un Paysage avec un Homme sur un cheval blanc, une Femme à côté de lui sur un cheval bai, des Pélerins & des chiens; par *Philippe* VAUVERMANS: *sur bois, de 11 pouces de haut, sur 15 pouces de large.*

En face de la Niche, & près de la fenêtre, une Femme qui paroît une Couturiere, ayant une draperie de pourpre, un tablier bleu & un mantelet blanc, demi-figure; par un Maître Italien: *sur bois, de 13 pouces & demi de haut, sur 11 pouces & demi de large.*

Au dessous, un Paysage avec Figures: sur le devant un Homme en capote rouge, une Femme à côté & un Turc; par *Nicolas* BERGHEM: *sur bois, de 11 pouces & demi de haut, sur 15 pouces de large.*

Plus bas, un Départ de Chasse: on y voit une Femme ayant un jupon jaune & une robe bleue; par *Philippe* VAUVERMANS:

sur bois, de 13 pouces & demi de haut, *sur* 13 pouces de large.

A droite de la porte, l'Ange apparoissant aux Maries & leur annonçant la Résurrection du Sauveur; par ROMANELLE : *sur cuivre, de* 17 *pouces & demi de haut, sur* 13 *pouces de large.*

Au dessous, un Paysage ou Marine : sur le devant est une Femme assise sur un cheval blanc tenant un oiseau, & parlant à un Homme couvert d'un manteau rouge; par *Nicolas* BERGHEM : *sur bois, de* 11 *pouces & demi de haut, sur* 15 *pouces de large.*

Plus bas, un Paysage avec Figures, sur le devant un Homme chargeant de sable un Tombereau attelé d'un cheval; par *Philippe* VAUVERMANS. Il y en a l'Estampe gravée par le sieur Moyreau : *sur bois, de* 13 *pouces de haut, sur* 11 *pouces & demi de large.*

PETIT SALON.

A droite en entrant,

LE Portrait de Madame la Duchesse de Broglio; par le sieur TOCQUÉ: *sur toile, de 23 pouces de haut, sur 19 pouces de large.*

Au dessous, un petit Paysage en forme ronde, sur le devant duquel est un Batteau sur une riviere, & dans le fond une tour & des bâtimens; par LE GOFFREDE, imitateur de la maniére de peindre d'Adam Elsheimer: *sur bois, de 6 pouces de haut, sur 6 pouces de large.*

Deux Tableaux accompagnant celui-ci; l'un est une Minerve en pied: *sur bois, de 10 pouces de haut, sur 6 pouces de large.*

Et l'autre, une Diane aussi en pied; & tous deux sont des Esquisses de *Paul* VÉRONESE: *sur bois, de 10 pouces de haut, sur 6 pouces de large.*

A gauche de la porte, le Portrait de Madame la Comtesse de Béthune; par le sieur TOCQUÉ: *sur toile, de 23 pouces de haut, sur 19 pouces de large.*

Au dessous, deux petits Tableaux: l'un représente l'Ange & Tobie, & est en ovale; il est de *Philippe* LAUR: *sur cuivre, de 5 pouces de haut, sur 4 pouces & demi de large.*

Dans l'autre, on voit le corps de Sainte Rose de Viterbe, de l'Ordre de Saint Dominique, honoré après sa mort par des personnes pieuses, en faveur desquelles elle fait un Miracle; par *Dominique-Marie* VIANI de Bologne: *sur cuivre, de 5 pouces 8 lignes de haut, sur 8 pouces 3 lignes de large.*

Sur une Armoire en treillage de fil de laiton, cinq Têtes au pastel couvertes de glaces; par LA ROSALBA.

Sur la porte, près de la fenêtre, une Vieille qui s'endort sur son métier, demi-figure; par GERARD-DOW: *sur toile, de 7 pouces de haut, sur 5 pouces & demi de large.*

Au dessous, un Paysage avec une tour carrée: sur le devant une Femme vêtue de rouge avec un tablier bleu, un Homme enveloppé d'un manteau, des Vaches & une Chevre; par *Nicolas* BERGHEM: *sur cuivre, de 8 pouces & demi de haut, sur 11 pouces de large.*

A la droite du trumeau, une Femme tenant un Biscuit sur une assiette; par *François* MIERIS: *sur bois, de 7 pouces de haut, sur 5 pouces & demi de large.*

Au dessous, un Paysage, avec une Femme vêtue de bleu montée sur un âne, & un Vieillard à pied vêtu de rouge conduisant des Vaches & des Moutons; par *Nicolas* BERGHEM: *sur cuivre, de 8 pouces & demi de haut, sur 11 pouces de large.*

PETITE GALERIE.

On y trouve en entrant à droite,

Une Tête de Femme de profil, pastel; de la Rosalba: *de 11 pouces & demi de haut, sur 9 pouces de large.*

Et, les quatre Saisons représentées par autant de demi-figures de Femmes qui en portent les attributs; aussi en pastel, & par la même Rosalba: *tous les quatre de 9 pouces de haut, sur 7 pouces de large.*

De l'autre côté, vis-à-vis, un Portrait de profil au pastel; par la Rosalba: *de 17 pouces de haut, sur 11 pouces de large.*

Et au dessous, plusieurs petits Tableaux accrochés à un treillage de fil de laiton, dont les principaux sont, un Emblême sur la nécessité du travail, figurée par une Femme qui tient un fouet, & qui est entre les bras d'un Homme ayant à ses pieds un marteau & des cloux.

Un Sujet de Sainte Famille.

Une Tentation de Saint Antoine.

Le portrait de Langlois dit Ciatris, peint par VANDYCK.

Et d'autres petits Portraits, au milieu desquels est placé celui de Madame la Comtesse d'Evreux, pastel sous glace; par LA ROSALBA : *de 23 pouces de haut, sur 18 pouces de large.*

Près de la fenêtre, à la droite, une Vierge au pastel; de LA ROSALBA : *de 16 pouces de haut, sur 13 pouces de large.*

La Bataille d'Arbelle, où Darius fut défait par Alexandre; Peinture *à guazzo* d'après un Éleve de *Pietre* de Cortone : *de 8 pouces de haut, sur 12 pouces de large;*

Au milieu, deux Tableaux en mignature, représentant, l'un Vénus fouettant l'Amour, & l'autre un Satyre terrassé par l'Amour.

Au dessous, un Tableau fond de Velours, cadre de bronze, sur lequel sont accrochés treize petits Tableaux, dont cinq sont des Sujets, & les huit autres des Portraits, les uns peints en émail & les autres en mignatures; par divers Maîtres.

A droite & à gauche de ce Tableau, sont

divers petits Tableaux, Portraits & autres, entre lequels est un petit Paysage; peint par LE BREUGHEL DE VELOURS.

Vis-à-vis, à côté de la fenêtre, le Portrait d'un Homme à longue barbe blanche, & ayant sur la tête une calotte rouge, peint à détrempe sur une gaze; par *Albert* DURER: *de* 14 *pouces de haut, sur* 10 *pouces de large.*

Et onze petits Tableaux accrochés à un treillage de fil de laiton, Portraits, Paysages, & autres Sujets, dont les principaux sont l'Enlevement des Sabines, peint *à guazzo*, par *Guillaume* BAUR.

Une fuite en Egypte; par ADAM ELSHEIMER.

Et une Flore peinte en mignature; par *Joseph* VERNER.

ENTRESOLES
DE LA MAISON OCCUPÉE
PAR
M. LE DUC DE BROGLIO.
ÉCOLE DE FLANDRE.

Dans la premiere Piéce, au deſſus de la Porte,

JOSUÉ arrêtant le Soleil ; par *André* SCHIAVON : *ſur bois, de 11 pouces de haut, ſur 2 pieds de large.*

A droite en entrant, & ſuivant la ligne des Tableaux qui ſont les plus proches du Plafond, une Marine avec quelques Bâtimens de Pêcheurs, & ſur terre pluſieurs Pêcheurs qui déchargent du Poiſſon ; par *David* TENIERS : *ſur toile, de 17 pouces de haut, ſur 22 pouces de large.*

Le Portrait d'une Femme blonde vêtue de noir, ayant une fraiſe autour du col ; par *Pierre-Paul* RUBENS : *ſur bois, de 23 pouces de haut, ſur 17 pouces de large.*

Un Hiver : sur le devant sont représentés des Paysans qui tuent un porc ; par *David* Teniers : *sur toile, de 17 pouces de haut, sur 22 pouces de large.*

Le Passage de la Mer Rouge ; par *André* Schiavon : *sur bois, de 11 pouces de haut, sur 2 pieds de large.*

Au dessous, sont des Paysans qui dansent au son d'une cornemuse ; par *Jean* Miel : *sur bois, de 16 pouces de haut, sur 1 pied de large.*

Un Paysage sur le devant duquel est représentée une Sainte Famille, & sur le second plan un Bocage traversé par un chariot attellé de quatre chevaux ; par le Breughel de Velours : *sur bois, de 9 pouces de haut, sur 13 pouces de large.*

En retournant du même côté, & allant droit à la fenêtre, la vûe d'un Château accompagné de son Jardin, sur le bord d'un Canal où l'on voit des Figures qui se promènent dans une Gondole ; par Vander-Heyden, & les Figures par *Adrien* Vanvelde : *sur bois, de 17 pouces de haut, sur 21 pouces de large.*

La Parabole du Fermier qui paye également

ment les Journaliers qu'il a employés, fans égard au tems qu'ils ont travaillé ; par REMBRANDT : *fur bois, de* 11 *pouces de haut, fur* 15 *pouces de large.*

La Vûe d'un Château des Pays-Bas & de fon Jardin : fur le devant eſt un Homme debout regardant des Femmes qui proménent un Enfant ; par VANDER-HEYDEN : *fur bois, de* 16 *pouces de haut, fur* 22 *pouces de large.*

Sur la porte, eſt un Bois planté de grands arbres, & à l'entrée duquel font des Bohémiennes, dont une dit la Bonne-aventure à un Payſan ; le Payſage eſt de *Luc* VAN-UDEN, & les Figures de *David* TENIERS : *fur bois, de* 19 *pouces de haut, fur* 15 *pouces de large.*

Sur la même porte, & au deſſous, Tobie accompagné de l'Ange ; par PINAS, Diſciple d'Elsheimer : *fur bois, de* 9 *pouces de haut, fur* 10 *pouces de large.*

A gauche de la fenêtre, le portrait d'un jeune Homme avec un manteau fouré, une Toque noire & des cheveux courts ; par *Jean* HOLBEIN : *fur bois, de* 18 *pouces de haut, fur* 15 *pouces de large.*

Au deſſous, un Payſage avec de gros arbres : sur le devant est un Homme suivi d'un chien ; par Ruysdael : *sur bois, de 13 pouces de haut, sur 17 pouces de large.*

Plus bas, un Paysage, où l'on remarque deux Maisons & quelques Paysans ; par *David* Teniers : *sur bois, de 8 pouces de haut, sur 6 pouces de large.*

Dans le trumeau, à droite de la fenêtre, le Portrait d'une Femme ayant sur la tête une espéce de raizeau, avec une Collerette & une chaîne au col ; par *Jean* Holbein : *sur bois, de 18 pouces de haut, sur 15 pouces de large.*

Un Paysage qui se distingue par une mazure, de vieux arbres cassés, & un Homme sur le devant qui pêche à la ligne ; par Ruysdael : *sur bois, de 13 pouces de haut, sur 17 pouces de large.*

Un Paysage dans lequel est une Maison avec une Barricade sur le devant, une Femme & deux Hommes en conversation ; par *David* Teniers : *sur bois, de 8 pouces de haut, sur 6 pouces de large.*

Dans le milieu de la partie ceintrée, le Portrait d'un Homme vêtu de noir, avec un bonnet, & une chaîne au col ; par Rem-

BRANDT: *sur bois, de* 13 *pouces de haut, sur* 10 *pouces de large.*

Au dessous, une Femme tirant des Vaches, & un Homme debout; par *Paul* POTTER: *sur bois, de* 18 *pouces de haut, sur* 14 *pouces de large.*

A gauche de la partie ceintrée, près de la fenêtre, une Bataille: Tableau en largeur arrondi par les coins; par *Philippe* NAPOLITAIN: *sur toile, de* 11 *pouces de haut, sur* 29 *pouces de large.*

Une Bataille connue sous le nom *du Moulin Brûlé;* par *Philippe* VAUVERMANS. Il a été gravé par le sieur Moyreau: *sur bois, de* 20 *pouces de haut, sur* 2 *pieds* 5 *pouces de large.*

Au dessous, deux Tableaux, dont l'un représente des Paysans qui se battent, & un troisième qui veut tirer un Sabre; par *Adrien* BRAUR: *sur bois, de* 9 *pouces de haut, sur* 12 *pouces de large.*

L'autre est la vûe de la ville de Bruxelles dans le lointain, & sur le devant deux Paysans debout & un assis; par *David* TENIERS: *sur bois, de* 9 *pouces de haut, sur* 14 *pouces de large.*

A droite de la partie ceintrée, une Bataille; par *Philippe* NAPOLITAIN : *fur toile, de* 11 *pouces de haut, fur* 29 *pouces de large.*

Au deſſous, un Départ pour la Chaſſe à l'Oiſeau ; par *Philippe* VAUVERMANS. Le ſieur Moyreau en a donné une Eſtampe : *fur toile, de* 20 *pouces de haut, fur* 29 *pouces de large.*

Et deux petits Tableaux : l'un eſt un Payſage ; par *David* TENIERS : *fur bois, de* 7 *pouces de haut, fur* 9 *pouces de large.*

L'autre, un Payſage, où eſt ſur le devant un Homme à moitié nu, & une Femme vêtue de bleu conduiſant des Troupeaux; par BARTHOLOMÉE BREMBERGH : *fur bois, de* 7 *pouces de haut, fur* 10 *pouces de large.*

Vis-à-vis de la fenêtre, à droite de la cheminée, une Femme en demi-figure, vêtue d'une robe doublée de fourure, & s'occupant du compte de ſon argent; par *David* TENIERS, dans la maniére de Rembrandt : *fur toile, de* 22 *pouces de haut, fur* 18 *pouces de large.*

Au deſſous, une Bataille : une des principales Figures eſt un Homme avec une écharpe rouge monté ſur un cheval blanc, ayant le piſtolet à la main ; par *Philippe* VAUVERMANS : *ſur bois, d'un pied de haut, ſur* 17 *pouces de large.*

A gauche de la cheminée, le Portrait d'un Vieillard vêtu d'une robe fourée, ayant les mains dans un manchon, demi-figure ; par *David* TENIERS, dans la maniére de Rembrandt : *ſur toile, de* 21 *pouces de haut, ſur* 18 *pouces de large.*

Au deſſous, un Tableau repréſentant un Campement : ſur le devant eſt un Officier avec une écharpe rouge, qui careſſe une Vivandiére ; par *Philippe* VAUVERMANS : *ſur bois, d'un pied de haut, ſur* 17 *pouces de large.*

SECONDE PIÉCE
DE LA MEME
ENTRESOLE.
ÉCOLE DE FLANDRE.

En face de la porte,

UN grand Tableau qui formoit autrefois un Oratoire, & qui repréfente la Guérifon de l'Aveugle-né; par *Lucas* DE LEYDEN: *fur bois, de 3 pieds 5 pouces de haut, fur 4 pieds & demi de large.*

En face de la cheminée, un Payfage connu fous le nom de l'Abbreuvoir, par ce qu'on y remarque un Homme monté fur un cheval blanc qu'il mene boire; par *Philippe* VAUVERMANS: *fur toile, de 2 pieds de haut, fur 18 pouces de large.*

Au deffous, deux Tableaux, dont l'un repréfente Cerès cherchant pendant la nuit fa fille Proferpine; par ADAM ELSHEIMER: *fur cuivre, de 6 pouces de haut, fur 9 pouces de large.*

L'autre eft une Bataille, où eft fur le devant

F iiij

un Homme le piſtolet à la main, ayant une écharpe rouge, monté ſur un cheval blanc; par *Philippe* VAUVERMANS: *ſur bois, de 6 pouces de haut, ſur 8 pouces & demi de large.*

A gauche du Tableau repréſentant l'Abbreuvoir, une Paſtorale, ſur le devant de laquelle on voit des Vaches, des Chevres & des Moutons, avec deux Femmes, dont l'une eſt à pied & l'autre montée ſur un âne; par *Nicolas* BERGHEM: *ſur bois, de 20 pouces de haut, ſur 25 pouces de large.*

Au deſſous, l'Adoration des Rois, Deſſein colorié; par *Pierre-Paul* RUBENS. Il eſt ſous glace, & a été gravé par Conrad Lauvers: *de 23 pouces de haut, ſur 18 pouces de large.*

Et dans le côté oppoſé, un Payſage avec Arbres & Rochers, & quelques Moutons; par *Paul* BRIL: *ſur bois, de 21 pouces de haut, ſur 27 pouces de large.*

Au deſſous, une Femme en coëffe noire, ayant un juſte couleur de citron, une jupe blanche, & à côté d'elle un Payſan, demi-figures; par *Gabriel* METZU: *ſur bois, de 20 pouces de haut, ſur 17 pouces & demi de large.*

En face de la fenêtre, dans le renfoncement d'une *Niche*, un Payſage avec ruines: ſur le devant eſt l'Ange & Tobie; par BARTHOLOMÉE: *ſur bois, de* 15 *pouces de haut, ſur* 11 *pouces de large.*

Aux côtés, deux Payſages; par *Corneille* POELEMBOURG: *tous deux de 7 pouces & demi de haut, ſur bois, ſur 9 pouces & demi de large.*

Et au deſſous, une fort jolie copie en petit d'un Tableau de Sainte Famille peint par RAPHAEL, qui eſt au Palais Royal: *ſur bois, d'un pied de haut, ſur* 10 *pouces & demi de large.*

A droite dans la même Niche, une Femme malade à qui un Médecin tâte le pouls; par Jean STEEN: *ſur bois, de* 22 *pouces de haut, ſur* 17 *pouces & demi de large.*

A gauche, une Femme tenant un verre & un pot, & étant en la compagnie d'un Cavalier qui lui préſente de l'argent; par TERBURGH: *ſur toile, de* 2 *pieds de haut, ſur* 22 *pouces de large.*

A droite de la Niche, en dehors, dans la partie ſupérieure, un Tableau repréſentant des Jeux d'Enfans: *ſur toile, de 9 pouces de haut, ſur* 22 *pouces de large.*

Au deſſous, Notre-Seigneur conduit au Calvaire ; par *Albert* Durer : *ſur bois, de 14 pouces de haut, ſur 10 pouces de large.*

Et plus bas, un Payſage repréſentant des Payſans qui ſe divertiſſent, & un Homme & une Femme ayant les mains dans ſon manchon, qui les regardent ; par *Philippe* Vauvermans, dans la maniére de Bamboche : *ſur bois, de 13 pouces de haut, ſur 15 pouces & demi de large.*

L'Ange conduiſant le jeune Tobie dans ſon voyage ; par Adam Elsheimer. Il a été gravé de la même grandeur par le Comte Goudl : *ſur cuivre, de 4 pouces de haut, ſur 6 pouces de large.*

A gauche de la Niche, & au deſſus d'une porte, des Jeux d'Enfans : *ſur toile, de 9 pouces de haut, ſur 22 pouces de large.*

Au deſſous, le Portrait du ſieur *Adrien* Vanderverff, peint par lui-même. Il s'y eſt repréſenté aſſis devant ſon chevalet, & ſe mettant en devoir de peindre : *ſur bois, de 14 p. de haut, ſur 10 p. & demi de large.*

Au deſſous, un Tableau repréſentant Saint Paul conduit à Damas après ſon aveuglement ; par *Lucas* de Leyden. Il y en a une Estampe gravée par ce Peintre même : sur bois, d'un pied de haut, sur 16 pouces de large.

Plus bas, un Paysage représentant sur le devant des Chevaux en pâture ; par *Philippe* VAUVERMANS : sur bois, de 4 pouces de haut, sur 6 pouces de large.

A côté de cette porte, l'Enfant Jesus dans la Crèche adoré par les Anges & par les Pasteurs ; Tableau peint par ROTHENHAMER : sur cuivre, de 20 pouces de haut, sur 14 pouces de large.

Au dessous, une Tabagie : sur le devant est un Paysan avec une veste bleue & un tablier ; par *Adrien* VAN-OSTADE : sur bois, de 11 pouces de haut, sur 15 pouces de large.

Au dessous, deux petits Tableaux, dont l'un représente des Ruines & de l'Architecture ; par LE SALUZZI : sur cuivre, de 3 pouces & demi de haut, sur 8 pouces de large.

Et l'autre, un Paysage avec un pont ; par BARTHOLOMÉE : sur bois, de 4 pouces de haut, sur 8 pouces de large

A gauche, en regardant la cheminée, un

Tableau repréfentant un Homme courant fur un cheval blanc, & un Palfrenier auffi à cheval tenant en main un cheval blanc, connu fous le nom du *Manége*; par *Philippe* VAUVERMANS: *fur bois, de 17 pouces de haut, fur 18 pouces de large.*

Au deffous, la vûe de l'intérieur d'une Églife où l'on célébre la Meffe; par *Henri* STENUYX: *fur bois, de 9 pouces de haut, fur 12 pouces de large.*

Plus bas, une Femme malade à qui on tâte le pouls, demi-figure; par MIERIS le fils: *fur bois, de 8 pouces & demi de haut, fur 7 pouces de large.*

A droite, en regardant la cheminée, un Payfage repréfentant un Abbreuvoir: fur le devant eft un Homme vêtu de rouge, monté fur un cheval blanc; par *Philippe* VAUVERMANS: *fur toile, de 18 pouces de haut, fur 19 pouces de large.*

Au deffous, un Payfage en forme ovale, fur le devant duquel eft une charette attelée de Bœufs, & un âne qu'on veut faire paffer fur un petit pont; par BARTHOLOMÉE: *fur cuivre, de 8 pouces & demi de haut, fur 11 pouces de large.*

Plus bas, une Vieille avec des lunettes fur

le nez, tenant un Livre ouvert fur fes genoux; par *Pierre* VAN-BOSCHER : *fur bois, de* 9 *pouces de haut, fur* 8 *pouces de large.*

A gauche, & près de la fenêtre, un Tableau repréfentant des Hommes & des Femmes à table, & des gens qui fe battent; par un vieux Maître Flamand : *fur bois, de* 12 *pouces de haut, fur* 17 *pouces de large.*

Au deffous, des Hommes & des Femmes qui fe divertiffent; Tableau de *Philippe* VAUVERMANS, dans la maniére de Bamboche : *fur bois, de* 11 *pouces & demi de haut, fur* 9 *pouces de large.*

Plus bas, un Tableau repréfentant une Femme tenant un papier, & deux Hommes avec des inftrumens de Mufique; par *Adrien* VAN-OSTADE : *fur bois, de* 13 *pouces & demi de haut, fur* 11 *pouces & demi de large.*

A droite & près de la fenêtre, une Salle de Cabaret; par *Jean* STEEN : *fur bois, de* 13 *pouces de haut, fur* 16 *pouces de large.*

Au deffous, un Tableau allégorique, repréfentant un Homme & une Femme couchés enfemble, fe réveillant avec furprife à l'afpect de la Mort & du Diable qui paroiffent au pied de leur lit; par *Adrien* VAN-

DE VERRE: sur cuivre, de 10 pouces & demi de haut, sur 13 pouces de large.

Plus bas, un Laboratoire de Chymie; par *Thomas* WYCK: sur bois, de 13 pouces de haut, sur 11 pouces de large.

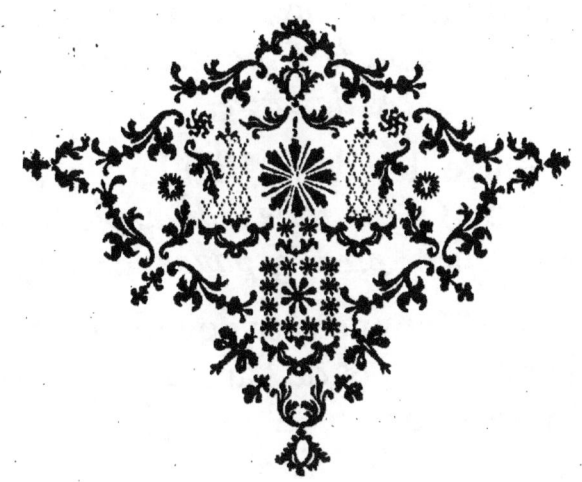

TABLEAUX

Qui n'ont pas de place fixe dans les Appartemens.

L'Intérieur de la Sainte Vierge; par LE GUIDE: *sur toile, de 23 pouces de haut, sur 19 pouces de large.*

Tobie recouvrant la vûe; par *Carlo* LOTTI: *sur toile, de 4 pieds 6 pouces de haut, sur 6 pieds 10 pouces de large.*

Suzanne entre les deux Vieillards; par *Sebastien* RICCI: *sur toile, de 4 pieds 3 pouces de haut, sur 5 pieds 3 pouces de large.*

Portrait d'un Homme vêtu de noir, tenant un gand d'une main, & de l'autre un papier sur une Table couverte d'un tapis; École de RUBENS: *sur toile, de 3 pieds 10 pouces de haut, sur 2 pieds 8 pouces de large.*

L'Apothéose d'Hercule; par *André* SCHIAVON: *sur bois, de 3 pieds 3 pouces de haut, sur 3 pieds 10 pouces de large.*

Mars & Vénus avec des Amours; par *Luca* GIORDANO Napolitain: *sur toile, de 5 pieds 9 pouces de haut, sur 4 pieds 7 pouces de large.*

Un Sacrifice à l'Antique; par SALVIATI:

3 pieds 4 pouces de haut, sur 4 pouces de large.

Le Jugement de Paris; par le Cavalier LIBERI: sur toile, de 5 pieds 6 pouces de haut, sur 6 pieds 5 pouces de large.

Bain de Diane; par le Cavalier LIBERI: sur toile, de 6 pieds 4 pouces de haut, sur 8 pieds 5 pouces de large.

Saint Martin; par l'un des BASSANS: sur toile, de 5 pieds 1 pouce de haut, sur 3 pieds 5 pouces de large.

La Femme Adultére; par *Luca* GIORDANO Napolitain: sur toile, de 7 pieds 4 pouces de haut, sur 6 pieds 8 p. de large.

La Justice couronnée par un Génie, & une Femme qui brûle des armes; par LE GUERCHIN: sur toile, de 5 pieds 11 pouces de haut, sur 4 pieds 10 pouces de large.

Un Tableau représentant une Boutique de Poissons; par SENEYDER: sur toile, de 3 pieds 8 pouces de haut, sur 7 pieds de large.

Le même Sujet du même Auteur, avec un Matelot; peint par un Éleve de Rubens: sur toile, de 8 pieds 6 pouces de haut, sur 10 pieds 6 pouces de large.

FIN.

www.ingramcontent.com/pod-product-compliance
Lightning Source LLC
Chambersburg PA
CBHW070159230526
45471CB00002B/738